CHRONOS

Gaby Aragón

De sueños, amores y desengaños: El relato de una mexicana en España

© 2024 **Europa Ediciones** | Madrid

www.grupoeditorialeuropa.es

ISBN 9791256960132

I edición: diciembre del 2024

Curador: Zatsha E. Contreras Placchetta

Distribuidor para las librerías: **CAL Málaga S.L.**

Impreso para Italia por *Rotomail Italia S.p.A. - Vignate (MI)*

Stampato in Italia presso *Rotomail Italia S.p.A. - Vignate (MI)*

De sueños, amores y desengaños: El relato de una mexicana en España

Dedico este libro a los aventureros, a los valientes que quieren emigrar. Que sepan que, aunque nada es fácil, tampoco es imposible. A las mujeres víctimas de violencia de género, que sepan que siempre hay una salida. Espero que todas logren salir y volver a florecer.

Agradezco a mi familia, a mi hermana que me apoya siempre, a mi hermano que se emociona por mis logros, a mi madre que me encomienda a Dios, a mi padre que me alienta y me acompaña en mis locuras, a Ana y Lolo por no dejarme caer.

"Nada hay tan dulce como la patria y los padres propios, aunque uno tenga en tierra extraña y lejana la mansión más opulenta".

Homero

ÍNDICE

Prefacio

¿Te has preguntado alguna vez qué es la felicidad? Para mí, la felicidad es tranquilidad. Soy consciente de que cada día la vida nos presenta un nuevo desafío, es decir, siempre nos enfrentaremos a algún problema por resolver, pero aun así sigo apostando por esa sensación de paz, porque después de toda tormenta llega la calma.

Si pudiera describirla en imágenes, la asociaría con un viaje, con la alegría de descubrir un nuevo lugar, un concierto, una feria llena de risas, momentos en familia, la compañía de nuestras mascotas, las hojas cayendo en otoño, las flores brotando en primavera, o el aroma del mar. Tantas maravillas que a veces pasan desapercibidas porque solemos andar demasiado de prisa por la vida.

Sí, hay baches, y son muchos. De hecho, quiero contarte algunos. Compartiré mi historia, permitiré que conozcas algunos fragmentos de mí. ¿Por qué? Básicamente, porque después de haber superado muchos de esos baches, siento que debo y que puedo hacerlo. Lo necesito.

Escribir ha sido siempre una parte de mí, una que decidí explorar, una que necesitaba revelar, y espero, desde lo más profundo de mi ser, que esta exploración florezca positivamente. Ojalá me des la oportunidad de compartirlo contigo.

Sin embargo, es importante recordar que una parte de nosotros, al menos un fragmento, está tejida por los hilos de nuestra crianza. No soy psicóloga, pero entiendo que somos un cúmulo de experiencias y, a la vez, de elecciones.

Quizás este libro sea la decisión más arriesgada que he tomado hasta ahora. Aunque migrar y dejar México para emprender un nuevo camino en España fue una elección personal y poderosa, sé que esa decisión puede cambiar en cualquier momento; es una elección que me involucra solo a mí.

Pero dejar plasmados mis pensamientos, mi duelo migratorio, mis miedos más profundos, mis sueños y expectativas, e incluso mis tristezas, ha requerido de un valor inmenso. He tenido que desnudar mi alma. Y al hacerlo, he removido tantas capas que han traído consigo incomodidad y miedo. Miedo a que otros se sientan ofendidos o heridos por mi verdad. Pero siempre he sido clara, transparente, honesta. Esta es mi historia, así la he vivido y así la he sentido.

Mi intención no es reabrir viejas heridas ni causar daño en el proceso, solo quiero contar mis experiencias. Con la esperanza de resolver ciertas incertidumbres propias, con la esperanza de ayudar a quien pueda estar leyendo. Con la esperanza de encontrar respuestas, aunque también pueda encontrar más preguntas en el camino.

¿Me acompañas a descubrirlo? Recuerda que esta es solo una parte de mi historia, porque cada día sigo construyendo nuevos capítulos.

Capítulo I

¿Quién soy?

La pregunta parece simple, pero su complejidad se oculta en las sombras de la introspección. Definirse a uno mismo se convierte en un largo camino, en ocasiones interminable, un viaje donde las palabras apenas arañan la superficie. No obstante, siento la necesidad de compartir algunos fragmentos de mi ser contigo.

Soy enfermera, de vocación y profesión, dedicada al cuidado en un mundo donde las maravillas rara vez afloran y el sufrimiento es el pan de cada día. Aunque no he presenciado milagro alguno, nunca he dejado de creer en Dios, ni en sus maravillas.

Resido en Alcántara, aunque nunca estuvo en mis planes vivir en España. Sin embargo, aquí estoy, en este hermoso pueblo que ahora acoge mis pasos con sus calles empedradas, su arquitectura antigua y sus cielos azules. A pesar de las distancias y los desafíos, aquí me encuentro, afrontando una nueva realidad.

Priorizo la serenidad y la armonía como pilares inamovibles de la felicidad. La tranquilidad es mi refugio, y muy probablemente la esencia de mi ser.

Entonces, ¿quién soy? La respuesta resbala entre las líneas de las páginas por venir. Por ahora, permíteme presentarme: Soy Gaby, una mexicana en España, una asidua buscadora de oportunidades y de respuestas en el laberinto que es la vida.

Nací el 24 de diciembre de 1988, en el seno de una familia chihuahuense. Chihuahua, el estado grande de México, un oasis de cultura e historia donde encuentras majestuosos paisajes montañosos, barrancas y al norte un desierto impecable, con un clima mayormente seco y poca lluvia. Un lugar donde el sol se posa con fuerza sobre la tierra rojiza, y donde su arquitectura colonial y las plazas llenas de vida definen la imagen urbana.

Cuando reflexiono sobre mis primeros recuerdos, la época decembrina surge vívida en mi mente. Las Navidades en la ciudad, junto a mis hermanos y el resto de mi familia, eran especiales. A pesar de que hacía tiempo que nos habíamos mudado a otra ciudad, siempre regresábamos durante las vacaciones de Navidad. La ciudad se llenaba de luces y alegría, y yo celebraba mi cumpleaños junto a todos mis seres queridos.

Mi infancia fue muy feliz; conservo muchos recuerdos entrañables. Pasaba el tiempo con mis primas, jugando a "El Bote Volado" un juego tradicional mexicano, muy similar a "las escondidas" pero con algunas variaciones. Como, por ejemplo, la incorporación de un bote (una lata o cualquier recipiente ligero) que luego se colma de piedras y que se suena mientras los jugadores se esconden.

Fue precisamente Práxedis G. Guerrero, un municipio ubicado en la región noroeste del estado de Chihuahua, México, cerca de la frontera con Estados Unidos, el que acunó los primeros 15 años de mi vida. Mis años de primaria transcurrieron en el Colegio San Ignacio, un recinto de monjas mixto, del que guardo muy bellos recuerdos. Luego, cursé la secundaria en la Escuela Secundaria Estatal 3040, llamada "La Casa de los Coyotes" donde no sólo expandí mis horizontes, sino que además forjé nuevas amistades.

En aquella época la relación con mis padres era buena, estaba cimentada por el amor, el respeto y el cariño mutuo. Ahora, las cosas han cambiado un poco, o quizá bastante, pero no nos adelantemos. Queda mucho por contarte antes...

Mis padres son médicos. Mi padre, tranquilo y agradable, tiene una vena humorística que lo hace querido por todos. Su carácter ligero y su lealtad inspiran confianza. Aunque mantengo una relación estrecha con él, siendo la primera hija de tres hermanos, nuestras personalidades son muy distintas, a pesar de que compartimos ciertos puntos en común.

Por ejemplo, lo admiro, pero también me frustraba su pasividad. Su serenidad, aunque reconfortante, a menudo le impedía actuar con rapidez frente a los problemas. No es que no pueda resolverlos, sino que, a veces, parecía que simplemente no quería hacerlo, como si todo fuera más fácil de lo que realmente era.

Durante años, vi a mi padre como el "bueno" y a mi madre como la figura autoritaria y frustrada. Mi madre solía decirme que yo siempre tomaba partido, inclinándome a favor de él. Ahora, al vivir mi propia vida, especialmente tras mi relación con Gustavo, entendí lo agotador que es llevar toda la carga. Mi madre, a su manera, tenía razón en sentirse abrumada. Ahora veo con claridad lo que antes no podía entender: la importancia de tomar acción, de no dejar que todo recaiga sobre una sola persona.

Reflexionando un poco, es posible que me asemeje más a mi madre en cuanto a personalidad, con su carácter fuerte y decidido. Mi madre, aunque carece de la paciencia de mi padre, es una persona digna de admiración. No obstante, su naturaleza crítica ha ido distanciándonos con el tiempo.

En el hogar, mamá siempre fue la figura de carácter firme. Sin embargo, creo que entre ambos lograron un equilibrio que moldeó mi crianza, inculcándome el valor tanto de la ternura como de la firmeza.

En algún momento de mi vida, la relación con mi madre cambió y comenzamos a distanciarnos. Algunas veces me pregunto por qué... A veces pienso que, de niños, vivimos momentos felices con nuestros padres, creamos recuerdos que archivamos, pero con el tiempo estos se desgastan.

¿La memoria nos juega una mala pasada? ¿Transforma esos recuerdos en ecos remotos? No lo sé. Lo cierto es que lo que antes era un recuerdo vívido y palpable se vuelve difuso, dejando vacíos donde antes había conexión.

En cambio, la adolescencia deja recuerdos más nítidos, marcados por la rebeldía y las diferencias con nuestros padres. Esos recuerdos permanecen en nuestra memoria, como un tatuaje en la piel, y poco a poco la dulzura de la infancia se opaca, resaltando más las diferencias.

De este modo, la memoria se convierte en un filtro que transforma nuestra percepción de las relaciones familiares.

Recuerdo que en el año 2017 mis padres se separaron. Yo había terminado la universidad, trabajaba y ya no vivía en casa de mi madre; me había independizado. Esa etapa se disipa en mi memoria, ya que me fui de casa a los 22 años, dejando atrás una relación que se volvía cada vez más tensa. Y es que nuestros caracteres, ambos fuertes y tenaces, chocaban constantemente.

A mamá le gustaba tener el control, asegurándose de que todo se hiciera a su manera. No es que yo fuera rebelde o desobediente, pero su necesidad de control me hacía sentir asfixiada, por lo que la única solución que encontré fue poner distancia. Recuerdo que cuando dejé su casa, me fui a vivir con un novio que tenía en ese momento. No estoy segura de si lo hice porque realmente lo quería o porque no soportaba más la situación en casa.

Mi mamá se opuso totalmente. Me dijo que estaba saliendo por la puerta de atrás, que no me iba a casar, y pasaron meses sin que me hablara. Durante ese tiempo, me sumergí en mi cotidianidad: trabajo, estudios, salidas, y terminé aislándome, olvidándome de lo que ocurría en casa con mis padres y mis hermanos.

Además, cuando pienso en el pasado, recuerdo que mi madre siempre estaba abrumada por la cantidad de responsabilidades que debía asumir: el trabajo, el hogar y el cuidado de mis hermanos. Desde muy joven, tuve que encargarme de muchas de esas tareas, como lavar, cocinar y cuidar de ellos, para aliviar su carga. Esto sucedió porque, aunque mis padres seguían juntos, nos mudamos a Ciudad Juárez, dejando atrás el pequeño pueblo donde crecí. Mi padre se quedó allí por sus negocios, y a partir de entonces, la mayoría de las obligaciones diarias recayeron sobre mi madre.

Él nos visitaba los jueves y domingos, pero el resto del tiempo, todo quedaba en sus manos. Aunque técnicamente seguían juntos, las circunstancias los mantenían separados, y las tareas del hogar, la escuela y la crianza de mis hermanos se convirtieron exclusivamente en su responsabilidad, una carga que también terminé compartiendo.

Aunque ahora parezca inverosímil, a los 11 años aprendí a conducir, primero en la tranquilidad de mi pueblo natal y luego en el ajetreo de la ciudad. A los 15, me regalaron un auto que, lejos de ser un símbolo de libertad, se convirtió en una herramienta para cumplir encargos:

"Lleva a tu hermano para allá", "Ve por esto", "Haz aquello", "Ve a comprar", "Paga esto".

En aquel entonces me sentía sobrepasada. Recuerdo que mis amigas solían decirme:

"No pareces la hermana de tus hermanos, pareces su madre".

Sus palabras eran un reflejo del contexto que me había tocado vivir, una realidad donde la infancia se había visto velada por las responsabilidades de una adultez precoz.

No me molestaba tanto asumir todas aquellas responsabilidades; de hecho, forjaron en mí un sentido profundo de la responsabilidad. Sin embargo, vivir bajo la sombra constante de las críticas por cualquier cosa que no hacía a la perfección afectó mi autoestima profundamente.

Aunque cumplía con las tareas asignadas, siempre sentía que cualquier error, por pequeño que fuera, no pasaba desapercibido. Esta dinámica me mantuvo en un estado de constante alerta y duda, moldeando una juventud en la que el peso de la perfección parecía más importante que la aceptación y el cariño.

De hecho, muchas de las cosas que no me gustan de mí misma las atribuyo a cómo me ha tratado. No ha sido maltrato físico, pero sí psicológico y emocional. Ella tiene un carácter difícil, que generó tensiones en la familia. Me ha gritado e insultado constantemente, especialmente a mí y a mi hermana; con mi hermano, en cambio, no ha sido tan dura. De algún modo, siento que todo esto ha afectado profundamente mi autoestima.

Recuerdo que en la secundaria me sentía cohibida y poco atractiva. No me gustaba mi apariencia física, y esa sensación me acompañó hasta que llegué a la universidad.

Otra cosa que deberías saber de mí es que me cuesta hablar de mis sentimientos y se me hace raro que me hagan cumplidos, o que me digan algo bonito. Actúo extraño cuando lo hacen, y es que no sé cómo reaccionar a los elogios. Las palabras de cariño me abruman como una llamada telefónica inesperada a mitad de la noche, dejando incluso una amarga sensación de ansiedad. Es posible que esta dificultad para manejar esa emoción en particular se deba a la dinámica familiar en la que crecí.

Soy la mayor de tres hermanos y en mi familia, mi hermano Víctor Hugo se destaca como un pilar de rectitud, criterio y tranquilidad. Su serenidad llega a tal punto que a menudo cae en la procrastinación, pero es precisamente esa calma lo que lo hace tan parecido a nuestro padre.

Víctor Hugo tiene una destreza innata para dar buenos consejos, y su capacidad para mantener la objetividad en las situaciones más confusas es admirable. Aunque siempre ha sido un hombre de pocas palabras, sus opiniones siempre han sido profundas.

Considero que nos une una relación cercana, aunque desde que me mudé a España, la distancia ha enfriado un poco nuestra conexión. No obstante, disfruto enormemente de las ocasiones en las que, con una cerveza en mano y buena música de fondo, nos sumergimos en conversaciones sobre temas existenciales.

A diferencia de mi hermana y de mí, que hemos abrazado el cambio en tantas ocasiones, Víctor Hugo prefiere la seguridad de la rutina y lo cotidiano, un reflejo de su espíritu estático. Creo que la influencia de nuestra madre también ha dejado su huella en él, aunque no estoy segura de que lo acepte conscientemente.

Además, mi hermano, a pesar de ser psicólogo, ha encontrado dificultades para independizarse de nuestros padres. Posiblemente, porque desde niño tuvo dificultades para socializar y es que, aunque cuenta con muy buenos amigos, su naturaleza reservada y su dificultad para establecer conexiones le han impedido acercarse a personas que le interesan románticamente. O al menos esa es mi percepción.

En contraste, está mi hermana, que, a pesar de ser cinco años menor, muestra una madurez sorprendente y una seguridad en sí misma que siempre he admirado. Ella ha sido y es mi confidente, mi mejor amiga y mi compañera inseparable.

Vivimos juntas no solo nuestra infancia, sino también una buena parte de nuestra adultez, compartiendo alegrías, penas y momentos más que inolvidables. A ella le debo mucho, me ha hecho recuperar mis fuerzas cuando pensaba que no podía más, pues siempre ha estado ahí para animarme y apoyarme en los momentos difíciles.

Su capacidad para tomar decisiones firmes y definitivas es algo que quisiera poseer, y a menudo es ella la primera persona en la que pienso cuando tengo una buena noticia que compartir.

A pesar de nuestras diferencias, la fiesta y la diversión nos unen, y su círculo de amigas es un poco también el mío. Sin embargo, la influencia de nuestra madre también ha dejado cicatrices en ella, especialmente en relación con su autoestima.

Tiene un carácter fuerte, es extremadamente orgullosa y obstinada, a veces incluso demasiado terca, pero esa es su esencia, y aunque puede ser difícil de tratar en algunos momentos, también es parte de lo que la hace ser quien es.

Cada vez que la veo luchar con sus propias batallas, me doy cuenta de que compartimos las mismas luchas. Esto refuerza la conexión que tenemos y hace que nuestra relación sea aún más profunda. Para mí, nuestra relación es como un ancla en medio de un mar agitado, un lazo que me sostiene y me impulsa a seguir adelante.

Gaby, la profesional

Ahora bien, ya conoces un poco más de mí, pero como te mencioné, soy enfermera y esta carrera ha sido fundamental en mi vida. Ser enfermera me dio un propósito, y a través del ejercicio de mi profesión he podido ser testigo de un sinfín de historias que me han marcado profundamente.

Por ejemplo, recuerdo cuando era estudiante y realizaba mis prácticas. Un día, conocí a un chico que quedó paralizado después de bajarse del autobús en Ciudad Juárez. Apenas tocó el suelo, tuvo un accidente que lo dejó inmóvil de por vida. Estaba completamente solo y dependía de los demás para todo, incluso para comer. Solo podía mover los ojos y la boca, y ver eso me dejó una huella imborrable. Era el año 2010, y esa experiencia me hizo entender la fragilidad de la vida y la importancia de estar presente para quienes no tienen a nadie.

Durante mi pasantía, también estuve involucrada en un trasplante de riñón. Nunca olvidaré lo que fue presenciar el proceso completo. Los riñones de un joven que había sufrido muerte cerebral tras un accidente de moto fueron extraídos para ser trasplantados. Los riñones son diminutos, casi del tamaño de frijoles, pero realizan un trabajo impresionante. Ver algo tan pequeño hacer tanto por el cuerpo humano me dejó asombrada. Sin embargo, lo que más me marcó fue el momento en que el equipo médico se fue al otro quirófano a realizar el trasplante, dejando al joven solo en la mesa. Aunque sabía que estaba en muerte cerebral, no pude evitar sentir que lo habían abandonado, así que volví a verlo. Fue una sensación extraña, como si le debiera algo en esos últimos momentos.

En urgencias, también presencié muchas situaciones impactantes. Heridas de bala, accidentes de todo tipo. Recuerdo especialmente a una joven y a un policía, ambas víctimas de disparos. Eran escenas fuertes, y, siendo solo pasante, me di cuenta de lo cruda que podía ser la vida.

Un caso que jamás olvidaré fue el de un niño que se había tragado una moneda. Sus padres lo sabían, pero no lo llevaron al hospital hasta que el niño empezó a empeorar. Lamentablemente, llegó tarde y falleció en terapia intensiva. Los padres fueron acusados de negligencia, algo que no podían aceptar. El padre incluso llegó a agredir al médico que les comunicó la muerte de su hijo. Fue una de las primeras veces que entendí cómo las emociones pueden desbordarse en momentos de tragedia.

Mi primer encuentro con la muerte, sin embargo, ocurrió mucho antes, cuando falleció mi abuelita Lala, Hilaria, la madre de mi mamá. Ella era una figura muy querida para mí, con recuerdos de infancia que aún guardo con cariño. Pasábamos mucho tiempo con mis primos y mis hermanos en su casa. Era una mujer muy cariñosa, aunque padecía de obesidad mórbida y roncaba mucho. Falleció joven; no había cumplido ni 70 años. Sufría de hipertensión e insuficiencia renal, y la dializaban. Yo estaba en segundo de secundaria cuando nos llevaron al hospital a verla.

Recuerdo que mis padres entraron, pero a nosotros nos dejaron fuera. Sabía que algo andaba mal, pero no querían decirnos que ya había fallecido. A veces pienso en ese día y en esa sensación de incertidumbre. Curiosamente, no recuerdo su funeral, solo el momento en el hospital. Es extraño cómo nuestra mente a veces bloquea ciertos recuerdos y deja otros tan nítidos.

A pesar de todos estos momentos difíciles, la enfermería siempre ha sido más que un trabajo para mí; es parte de lo que soy. Y aunque los cuidados intensivos son duros, forman una parte importante de mi trayectoria. Me he encontrado en situaciones que exigen mantener la calma cuando todo lo que te rodea es caos, y creo que esa capacidad para controlar las emociones es lo que me ha permitido avanzar, incluso en los peores momentos.

Actualmente, estoy en una etapa desafiante respecto al tema laboral.

A veces me pregunto si no sería más sencillo regresar a México y retomar mi vida estando allá. Todavía no lo tengo claro, pero lo que sí sé es que no quiero quedarme estancada…

Capítulo II

Primeros amores

En este capítulo, quisiera comenzar diciéndote lo que pienso sobre el amor. Para mí, el amor es un sentimiento que arde con intensidad, un fuego que abarca atracción, comprensión, determinación y conexión.

Desde una temprana edad, anhelamos que el amor sea recíproco, que se convierta en una unión que nos permita convivir, crear y compartir tanto los buenos como los malos momentos, caminando juntos en el complejo trayecto que es la vida.

Creo que, en ese camino, el primer amor es indeleble; una experiencia que, de algún modo, nos enseña mucho sobre nosotros mismos y sobre lo que esperamos de los demás. Obviamente, el amor se manifiesta de múltiples formas: hacia nuestros padres, hermanos, mascotas y, por supuesto, hacia uno mismo.

Precisamente, el amor propio es una base fundamental. Aprender a quererte y cuidarte es el primer paso hacia cualquier otro tipo de amor. No puedes amar sin antes respetarte, brindarte tiempo, apoyo y seguridad. Sin embargo, no todos tienen la capacidad de demostrarse a sí mismos empatía e interés, ni de luchar por sus propios gustos y sueños o contra sus miedos.

Amarse requiere acciones concretas: descansar, alimentarte bien, hacer ejercicio y alejarte de relaciones

27

tóxicas que no te aportan nada positivo. Leer y nutrir la mente también es una forma de amor propio; son pequeños detalles que intento aplicar día a día.

En cuanto a la familia, el amor se manifiesta en la presencia constante, no necesariamente física, pero sí espiritual. Se ve en el interés genuino, en recordar fechas especiales o momentos compartidos, en reír, disfrutar y crear recuerdos que se convierten en lazos que nos sostienen en los momentos difíciles.

Y no puedo dejar de decirlo: el amor también se esconde en los pequeños detalles. Un mensaje, una llamada, una flor, una felicitación, una carta, una comida, una canción, un café, un halago o un abrazo. Estos gestos, aunque simples, son poderosos. Son una forma tangible de aprecio y estima que fortalece cualquier relación.

Los quince y la primera ilusión

Uno de los capítulos más difíciles y, a la vez, más comunes en la obra del amor es aquel que no es correspondido. Un escenario que se despliega como un melodrama silencioso, cargado de esperanza, pero también de desilusión. Enfrentar un amor no correspondido es enfrentarse a una serie de emociones complejas que pueden debilitarte o hacerte aún más fuerte. Sí, yo también he pasado por eso, déjame contarte...

Uziel, tres años mayor que yo, cruzó mi camino en una noche especial: mi fiesta de quince años. Aunque no era un invitado conocido y solo acompañaba al encargado del sonido, mostró interés por mí hasta que finalmente se acercó. A pesar de vivir en pueblos cercanos y compartir círculos sociales, nunca habíamos intercambiado palabra alguna.

Después de la celebración de mis 15 años, nuestros encuentros se volvieron más frecuentes. Sin embargo, cuando Uziel finalmente me pidió que fuera su novia, rechacé su propuesta. No sabría decir por qué tomé esa decisión en ese momento, pero pronto me di cuenta de mi error y me encontré enamorándome de él.

Entendí entonces las palabras de Laura Esquivel, autora de "Como agua para chocolate": "En ciertos casos, es más digno dejarse llevar por un impulso ciego, provocado por un gran amor, que oponerse a él".

A pesar de mis sentimientos, Uziel nunca buscó volver a formalizar nuestra relación. Nos mantuvimos durante años como amigos, mientras la distancia entre nosotros crecía con mi mudanza del pueblo. Con el tiempo, nuestra conexión se fue diluyendo hasta que finalmente desapareció.

La última vez que lo vi fue en el año 2020. De vez en cuando recibía sus mensajes por Navidad o Año Nuevo, pero gradualmente la comunicación se fue perdiendo. Uziel siguió adelante con su vida, formó una familia y construyó su propio camino.

Nuestra relación, marcada por encuentros esporádicos a lo largo de los años, quedó en el pasado cuando, a los diecinueve, encontré a otra pareja.

Obviamente, nuestro vínculo estuvo lleno de emociones y sentimientos, pero nuestros destinos tomaron rumbos diferentes. Y es que, aunque Uziel ocupó un lugar especial en mi corazón como un amor que fue, pero que nunca pudo ser... lo cierto es que aquel muchacho que captó mi atención en una época ya no era visto por mí del mismo modo.

Se había convertido en una persona cuya forma de pensar no era compatible con la mía, y fue entonces cuando comprendí que, a veces, lo mejor es lo que sucede...

Pero... ¡No detengas la lectura, todavía me queda mucho por contar!

De amores y de arrepentimientos

Decía el novelista y activista por los derechos civiles, James Baldwin, que "el primer amor desaparece, pero nunca se va. El dolor se vuelve reconciliación con uno mismo".

Todos tenemos un primer amor formal, un amor que va más allá de la ilusión o la pasión desenfrenada, un amor que a veces recuerdas con nostalgia. Ese amor, para mí, tiene un nombre: Rogelio Acosta, una persona maravillosa con la que tuve una relación que duró un poco más de dos años.

Rogelio y yo nos conocimos a través de MySpace, una plataforma que tuvo su momento de fama en México. En ese momento, yo estaba de intercambio universitario en otra ciudad del país, lejos de Juárez, y así sería durante los siguientes seis meses. Fue solo al regresar a Juárez cuando finalmente nos encontramos en persona y comenzamos nuestra relación.

Mi relación con Rogelio fue bastante inocente.

Él era una persona muy introvertida, un muchacho muy atrayente, pero su misma manera de ser, de comportarse e incluso de vestirse le quitaba todo lo atractivo. Le gustaba mucho dibujar, e incluso en una ocasión me hizo un hermoso retrato a lápiz.

A la gente le parecía extraño que tuviésemos una relación porque éramos, en realidad, muy diferentes. Él era muy serio, muy introvertido, rockero, le gustaba mucho el metal, especialmente Korn y otros grupos similares, y yo era totalmente lo opuesto. Sin embargo, al final, siento que hicimos una buena pareja.

Con el tiempo, incluso logré sacarlo de su timidez, de su concha. Poco a poco, empezó a mejorar su aspecto, su manera de vestir y de moverse. En aquella época estudiaba diseño gráfico, pero sentía que le faltaba algo. Hablamos mucho sobre su futuro y, al final, decidió estudiar ingeniería. Rogelio creyó que sería una mejor opción para él, y yo lo apoyé. El tiempo nos demostró que no se equivocaba.

Poco después de hacer el cambio de carrera, consiguió un empleo. Trabajaba de noche y estudiaba de día, lo cual era bastante pesado para él. Recuerdo que yo lo llevaba al trabajo y luego, por la mañana, iba por él, y dormía en mi casa. Pasábamos los fines de semana juntos y compartíamos todo el tiempo disponible.

Me quería mucho, y yo también lo quería mucho a él. Se llevaba bien con mi familia y yo me llevaba bien con la suya, aunque en ocasiones tenía roces con su padre, debido a que estaba bastante acostumbrado a tenerlo bajo su yugo, y me veía como alguien que lo sonsacaba, haciéndole perder el control que tenía sobre él.

No puedo recordar un solo momento en el que Rogelio y yo no estuviéramos bien, aun cuando seguramente los hubo. Me refiero a las pequeñas desavenencias que suelen tener las parejas en el día a día. Lo que sí recuerdo con nitidez fue el día en que lo perdí.

La universidad, para mí, fue una época de grandes retos, pero también de alegrías. Contaba con el apoyo económico de mis padres, lo que me permitió enfocarme en los estudios. Sin embargo, también era una joven que disfrutaba mucho de la vida social y de las fiestas en compañía de mis amigas. Reconozco que era muy fiestera y él me acompañaba a las fiestas con mis amigos, a pesar de que Rogelio era de pocos amigos.

La pasábamos realmente bien; se podría decir incluso que todo era más que perfecto, hasta que, en una de esas noches de diversión, cometí un error: un beso fugaz con otro chico que quedó inmortalizado en una foto digital.

Es posible que todo se hubiera quedado en un momento fugaz y equivocado de no haber quedado registrado. Pero Rogelio lo descubrió por casualidad, mientras revisaba las fotos en mi computadora, tomadas con una de esas cámaras digitales que se pusieron de moda alrededor de 2010. Ojalá él supiera cuánto lo lamento.

Podría pensarse que esa fue la conclusión de nuestra historia, pero el universo nos mantuvo juntos por otros 12 meses. Rogelio decidió darle una segunda oportunidad a nuestra relación; sin embargo, la confianza nunca se recuperó del todo. No era capaz de verme del mismo modo, y yo sentía que ya nada era como antes.

Nuestra ruptura, aunque difícil, fue inevitable, pues Rogelio y yo no pudimos regresar a lo que alguna vez fuimos. Con el tiempo, la distancia emocional se hizo cada vez más grande y terminó por separarnos definitivamente. No teníamos una relación perfecta, pero sí bonita. Creo que fui su primer amor, y siento que enterarse de que había besado a otra persona le ocasionó un gran daño. Siempre sentí que yo era lo más importante para él y, a veces, pienso que las cosas pudieron haber sido muy diferentes...

Dicen que una infidelidad no debe ser perdonada, y yo no sé si la perdonaría, pero puedo asegurar de corazón que estaba arrepentida. Si hubiésemos seguido, jamás en la vida habría sucedido de nuevo. Habría dedicado mi vida a cuidar nuestra relación y a recuperar su confianza. Pero Rogelio nunca más pudo confiar en mí, y no lo culpo... Sé que ahora tiene un hijo, sé que trabaja como ingeniero. Compartimos demasiadas cosas y nos quisimos muchísimo, pero nuestras vidas tomaron caminos distintos, más por mi causa que por la suya.

Es por eso por lo que aquella experiencia me dejó una valiosa lección: *la confianza es la base de cualquier relación.*

Un romance en pandemia

Conocí a Carlos en la preparatoria. Estuvimos un año juntos en la rama de la salud, pero él eligió ser médico. Lo vi algunas veces en el hospital, quizá haciendo sus pasantías, pero retomamos el contacto en abril de 2020, durante la pandemia, cuando le envié un mensaje a través de Facebook.

Aunque en la preparatoria no habíamos tenido mucho contacto, nuestro romance progresó con rapidez, probablemente porque éramos algo parecidos; nos gustaban las fiestas y compartir momentos juntos. De hecho, Carlos era incluso más extrovertido que yo; tenía muchos amigos, y mucha gente lo apreciaba y admiraba. Eso me gustaba mucho de él. Yo, en cambio, aunque soy amigable, soy una persona de pocos, pero muy buenos amigos. Me sorprendía que él tuviese tantos amigos y que, además, me integrara a su círculo. Eso me hacía sentir especial.

Para contextualizar, cuando retomé el contacto con Carlos, ya había regresado a México debido a una relación turbulenta que había tenido en España. Esta relación me afectó tanto que decidí volver a mi país al menos por un tiempo, e incluso estaba en tratamiento psicológico debido a los problemas que esa relación tóxica me había causado.

A pesar de las circunstancias difíciles que trajo la relación, sumada al momento histórico que se estaba viviendo, nosotros comenzamos una relación muy especial. De hecho, pasé parte de la pandemia en su casa, quedándome varios días con él.

Carlos me brindó mucho amor y cariño. Era completamente diferente a quien, por el momento, llamaré "el español". Me daba mi lugar, me presentaba ante sus amigos y familiares, algo a lo que no estaba acostumbrada. Puedo decir con plena certeza que fue un romance bueno y saludable. Sin embargo, a pesar de todo lo bueno y bonito que hizo por mí, lo abandoné.

Retomé contacto con el español, quien me prometió que todo sería diferente; prácticamente me ofreció "las perlas de la Virgen", como solemos decir en México. Aún afectada, le creí y regresé a España.

Aunque Carlos y yo intentamos ser amigos después de romper, las cosas cambiaron drásticamente entre nosotros. Supongo que se sintió abandonado y que en algún punto supo que había regresado con mi expareja. Cuando finalmente le di cierre a la relación con el español, ya era demasiado tarde y, aunque nos vimos varias veces e incluso le pedí otra oportunidad, él me dijo que no, porque ya estaba saliendo con alguien más. Fue inevitable sentir que yo misma había saboteado la relación.

Al reflexionar un poco sobre la premisa de qué tipo de hombre me gusta, debo reconocer que, aunque quise mucho a Rogelio, quien encaja a la perfección en la definición de mi hombre ideal, es precisamente Carlos: un hombre que te respeta y te da tu lugar, te presenta a su grupo y te integra a él. Entonces comprendí con claridad aquel dicho que proclama: "Nadie sabe lo que tiene hasta que lo pierde".

Conexiones virtuales

En una era en la que las redes sociales nos han acercado, disipando fronteras y acortando distancias con un clic, muchos latinos deciden embarcarse en una travesía. Algunos buscan nuevas oportunidades, otros un mejor futuro. Ese no fue mi caso; yo me embarqué hacia el viejo continente por amor, impulsada por la promesa de un romance idealizado.

Quizá la televisión y el cine han jugado un papel fundamental en este anhelo de vivir lo exótico y lo desconocido, ese deseo de encontrar en otro continente esa historia de amor con la que tanto hemos soñado…

Cada día surgen más aplicaciones y redes sociales que tejen un hilo invisible, construyendo un puente que une a personas de diferentes latitudes. En estos espacios, poco a poco, vas creando conexiones a través de palabras y miradas virtuales.

Durante esos interminables diálogos, edificas castillos de ilusión, promesas, mensajes y llamadas que forjan un cimiento. No muchos pueden entender esta conexión, pero realmente es única, hasta el punto en que lo único posible es materializar el encuentro.

No sé si piensas lo mismo, pero el europeo, con su acento marcado y sus experiencias, con todo su mundo a cuestas, se convierte en el héroe o la heroína de un cuento aún por escribirse. Idealizamos, aunque no sé bien por qué lo hacemos, pero lo hacemos. Esta idealización puede llevarnos a tomar decisiones audaces y, a veces, temerarias, como adentrarse en lo desconocido.

Dejar atrás el hogar, la familia, la cultura, no es un acto sencillo; es un salto al vacío, confiar en una brisa de promesas y de sueños. Se renuncia a lo conocido por la posibilidad de algo extraordinario, pero también fortuito.

Además, el romanticismo de esta aventura se entreteje con la realidad de los retos que conlleva: adecuarse a un nuevo entorno, afrontar la soledad de estar lejos de casa y, en ocasiones, descubrir que el ideal no siempre se ajusta con la realidad.

Capítulo III

El español y mi viaje por amor

Como ya habrás de suponer, decidí mudarme por amor. En aquel momento, vivía tranquilamente en un piso con mi hermana y trabajaba en el hospital infantil de Ciudad Juárez. Mi rutina incluía ir al gimnasio, salir de fiesta y disfrutar de la vida. Sin embargo, sentía que algo me faltaba. Tras el final de una relación estable, decidí probar suerte con la aplicación Jaumo.

Pasaba parte de mi tiempo buscando a alguien especial en la aplicación. Un día del año 2016, recibí un mensaje de un chico español, uno más entre muchos otros. Al principio, no le presté mucha atención, pero poco a poco, cada mañana al despertar y ver un mensaje suyo, mi interés por él crecía.

Durante dos años, estuvimos en contacto constante por WhatsApp, creando un vínculo profundo a pesar de la distancia.

Me dijo que era gerente de un hotel y que podía venir a México a conocerme cuando quisiera. Para entonces, yo ya estaba más interesada y esa idea me ilusionaba. De pronto, me encontré enviándole fotos de todo lo que comía, contándole cada cosa que hacía, hablándole de mi rutina, de mi trabajo, de mis gustos, y él hacía lo mismo conmigo.

Un día, mientras celebraba mi cumpleaños con amigos, recibí un mensaje de él diciendo que no podría venir a verme porque tenían que operar a su madre. Como soy muy atrevida y temeraria, pensé que, si él no podía venir a Juárez, entonces yo iría a España. Hablé con mi papá y él estuvo de acuerdo. Así que, en abril de 2017, mi padre y yo nos embarcamos a España.

Nuestro primer encuentro

Mi papá y yo llegamos a Cáceres, una ciudad encantadora en la región de Extremadura, y nos hospedamos en el Hotel Extremadura. Esa noche, tuve que esperar hasta pasada la medianoche para que el español, a quien llamaré Gustavo por cuestiones de privacidad, pudiera acercarse a la ciudad a conocerme, ya que estaba ocupado en el trabajo.

Cuando finalmente llegó, la emoción fue indescriptible. Verlo por primera vez, después de tanto tiempo hablando a través de la distancia, fue un momento realmente hermoso.

Esa primera noche, cenamos juntos, paseamos por la ciudad y, cuando el alba ya comenzaba a asomar, me dejó en el hotel. Así acontecieron varios días: durante el día, exploraba la ciudad con mi papá, y por la noche me encontraba con él. En los últimos días, nos aventuramos los tres en un viaje por carretera, explorando Guadalupe, un pintoresco pueblo de Extremadura, y luego fuimos a conocer a Fátima en Portugal y a Lisboa.

En nuestro último día juntos, Gustavo nos acompañó a la estación de autobuses de Cáceres, donde partiríamos hacia Madrid. Recuerdo claramente cómo, en el trayecto hacia Cáceres, las lágrimas se desbordaron por la tristeza de separarnos. Su respuesta, sin embargo, fue reconfortante: "No llores, esto apenas está comenzando." Y así, volví a Juárez con la ilusión elevada y muchas expectativas.

La decepción inicial y el primer acto de absolución

Cuando regresé a Juárez, mantuvimos el contacto como una rutina establecida. Nos hablábamos a diario, compartíamos nuestras vidas y soñábamos con un futuro juntos.

Sin embargo, un día, al llegar a casa por la mañana tras mi turno nocturno, descubrí que me había bloqueado en WhatsApp. Fue como si el suelo se hubiera desmoronado bajo mis pies.

La sorpresa y la confusión me invadieron por completo. Desperté a mi hermana, necesitaba desahogarme, y sin pensarlo dos veces, llamé al hotel exigiendo hablar con él. Cuando finalmente respondió, le reproché su falta de valor para enfrentarme directamente. Me explicó que me había bloqueado porque, según él, dedicaba todo su tiempo al trabajo y no tenía tiempo para nada más.

Hoy, al mirarlo en perspectiva, entiendo que ese debería haber sido el final. Pero en aquel momento, estaba tan inmersa en el amor que no podía verlo con claridad. Los días siguientes se convirtieron en una tormenta de tristeza y de confusión, atrapada en un sinfín de pensamientos.

Luego, ocurrió el terremoto de septiembre de 2018 en la Ciudad de México. Para entonces, Gustavo ya me había desbloqueado y, de vez en cuando, me enviaba uno que otro mensaje. Me tenía en la palma de su mano, y con el pretexto del desastre, se puso en contacto para saber cómo estábamos, tanto yo como mi familia. Así, poco a poco, volvimos a retomar el contacto.

La gran decisión

La tormenta quedó atrás y nuestras conversaciones se hicieron más largas y cariñosas, lo que sinceramente me generó no solo felicidad sino también tranquilidad. Un día, mientras iba camino a casa de mi mamá, Gustavo me preguntó al teléfono si consideraría mudarme a España. ¡No me lo esperaba! Al menos no en ese preciso instante. De más está decir que me dejó pensando en la que sería la decisión más importante de mi vida, hasta ese momento…

En aquellos mensajes me comentó que, debido a su negocio, era "más fácil" para él si yo me mudaba. Y yo, por supuesto, pensé para mis adentros: "muy fácil decirlo, pero mucho más complicado de llevar a cabo". Sin embargo, aunque nunca había pasado por mi mente mudarme a España, sin pensarlo con el debido detenimiento, decidí aventurarme y acepté.

Mis padres, que siempre me apoyaron y priorizaron mi felicidad, apoyaron mi decisión aun cuando implicaba mudarme al otro lado del mundo... Algo que les agradezco profundamente.

Llegué a Sevilla en febrero de 2019, con el corazón lleno de expectativas y una maleta llena de ilusiones. Colmada con la esperanza de que nuestros sentimientos prosperaran en la realidad tanto como lo habían hecho en modo virtual, me dediqué a ofrecerle a Gustavo todo el amor y la dedicación posible. No obstante, pronto, la situación comenzó a volverse insostenible.

Tal y como me había dicho en su momento, él tenía un negocio familiar: un hotel; y toda su familia vivía allí: abuelos, padres, hermana, cuñado y sobrinos.

Ahora bien, para poder quedarme en el extranjero, empecé a vivir y trabajar en ese mismo hotel, ya que aún no tenía la tarjeta de residencia, lo que me llevó a compartir el espacio con todos ellos, y por ende la mayor parte de mi día. Hoy pienso que la combinación de convivir y trabajar juntos solo empeoró la situación, ya que no teníamos un respiro el uno del otro.

Alguna vez has escuchado el dicho: "El casado casa quiere". Nunca había comprendido su verdadero significado hasta que él me llevó a vivir con toda su familia. Y no, no estábamos casados, pero éramos pareja de hecho, y para mí, en términos de convivencia, era lo mismo.

Desde el principio, las cosas fueron complicadas. Pronto me di cuenta de la rutina tan inusual, pesada y sacrificada que llevaban. Además, mi exsuegra se entrometía constantemente en nuestra relación y nunca me aceptó ni me quiso. No soy psicóloga, pero era evidente que la dinámica familiar no era saludable. Él siempre anteponía a su madre por encima de mí, lo cual hacía todo mucho más difícil.

Hubo un tiempo en el que llegué a pensar que no me aceptaba por mi origen, pero con el pasar de los días, me di cuenta de que ella era así, una mujer tosca y grosera. Convivir con su madre, que siempre me trató con un desdén palpable, era un desafío constante que se sumaba a la carga diaria. A medida que el tiempo pasaba, comprendí que Gustavo llevaba sobre sus hombros no solo el peso de la familia, sino también del hotel.

Provengo de una familia trabajadora y desde muy joven asumí responsabilidades que no correspondían a mi edad. Sin embargo, nunca me había sentido tan abrumada por el trabajo como cuando prácticamente se convirtió en el centro de nuestras vidas, un ciclo interminable que ocupaba cada día y cada hora.

No había tregua, ni pausa, Gustavo se sentía responsable de todo y de todos, y yo, inevitablemente, quedaba relegada a un segundo plano; haciéndome dudar sobre la decisión que había tomado. Las ocasiones en que él y yo hacíamos algo juntos eran escasas; las pocas veces que salíamos, lo primero era atender los pendientes de la hostería.

Corríamos de un lado a otro, y, sorprendentemente, el trayecto entre el pueblo y la ciudad era casi el único momento en el que podíamos conversar. Además, los descansos eran prácticamente inexistentes, pasaba muchas horas atendiendo la barra y esta situación me llevó al límite tanto física como mentalmente.

En consecuencia, Gustavo y yo comenzamos a discutir por la falta de tiempo, la intromisión constante de su madre y su actitud hacia mí. Fue entonces cuando comencé a notar la otra cara de Gustavo. Me di cuenta de que nunca supe verdaderamente en qué me estaba metiendo, él nunca se adaptó al compromiso de tener una pareja, pero mi elección ya estaba hecha y me sentía acorralada.

Ellos trabajaban de lunes a domingo, desde las siete de la mañana hasta pasada la medianoche. Su rutina era implacable y, por supuesto, me vi obligada a sumarme a este ritmo frenético en el que solo importaba trabajar, dejando todo lo demás en un segundo plano.

El agotamiento de mi cuerpo y mente se volvió no solo insostenible, sino también evidente. Sí, tuvimos momentos muy felices, pero también fugaces, lo que, sumado a todo el panorama, me hizo tomar la decisión de regresar a México en el año 2019, para unas más que merecidas vacaciones.

A veces reflexiono sobre si el cansancio hubiese sido más soportable con un trato diferente, pero es una incógnita que quizás nunca lograré responder...

Cuando decidí partir, Gustavo me recriminó, argumentando que, si hubiera esperado hasta noviembre, habríamos viajado juntos a México, pues ya teníamos todo planeado para volar a Cancún y a Ciudad Juárez. Pero yo ya no podía más, así que me adelanté pensando que él me alcanzaría después, sin embargo, no lo hizo, poniendo el trabajo como pretexto, tal y como lo hacía siempre.

Por un giro inesperado del destino pasé en México parte del 2019 y todo el año 2020 y es que al igual que al mundo entero nos tocó vivir el COVID...

En mi ciudad natal me reencontré con mi familia y eso fue reconfortante, no obstante, sentía que algo había cambiado en mí de manera irrevocable. Me apreciaba abatida, como perdida en una niebla de tristeza y desesperanza.

Así que busqué ayuda psicológica, y es que mis días se diluían en el letargo; dormía casi todo el tiempo y estaba como desconectada de la realidad, era más que obvio que necesitaba hacer algo.

Poco a poco, comencé a salir de aquel estado, enfocándome en actividades que me devolvieran algo de propósito. Decidí estudiar alemán y me inscribí en un curso de repostería. Me mudé a Chihuahua para estar con mi abuela, donde encontré un espacio tranquilo para recuperarme en silencio.

Cuando la pandemia se desató, las circunstancias cambiaron nuevamente. La universidad cerró y el curso de repostería se suspendió, así que regresé a Juárez y me cobijé en la casa de mi hermana. Fue durante este tiempo que, mi camino se entrelazó con Carlos. Sí, ese Carlos del que antes te hablé.

En Juárez comencé a trabajar como enfermera. Me ocupaba de atender a pacientes con hepatitis C, pero pronto me enfrenté a una serie de contratiempos, ya que, durante una fiesta familiar en una alberca, tuve un pequeño accidente en el que me torcí el pie izquierdo.

Lo que inicialmente pareció un simple esguince se convirtió en una lesión más grave: mi pie se hinchó, cambió de color y me resultó imposible caminar. A pesar de tener que usar yeso y muletas, tuve que volver al trabajo porque mi contrato no contemplaba la incapacidad. Esta etapa de mi vida se convirtió en una serie de desafíos, porque además tuve que mudarme de la casa de mi hermana, que había comenzado a vivir con su exnovio y por quien habíamos tenido algunas diferencias.

Con muletas y en medio de la incomodidad, me trasladé a la casa de mi padre, donde convivía con su novia, quien no me hizo sentir realmente bienvenida. Luchar con muletas para ir al trabajo, subir y bajar escaleras, se convirtió en una prueba diaria.

Después de un tiempo, noté que mi pie no mejoraba, así que consulté con un especialista y descubrí que tenía una fractura mal soldada, lo que requirió una operación adicional. Esto significó más días de ausencia en el trabajo, situación que sentí como un golpe más en mi ya golpeada existencia.

Para ese entonces, la comunicación con Gustavo se había reducido notablemente. Su distancia se hizo palpable, y pronto confesó que había conocido a alguien más. Aunque acepté la situación, la relación de Gustavo no prosperó, y, como solía suceder, retomamos el contacto.

En ese momento, me sentía completamente desubicada. Me había mudado alrededor de cinco veces en poco más de un año, y mientras el mundo parecía seguir adelante, yo me sentía estancada. Mudarme con mi madre no era una opción, debido a nuestros constantes enfrentamientos, y en la casa de mi padre, la presencia de su novia me resultaba incómoda. Además, la relación con mi hermana había pasado por un período difícil, así que no encontraba dónde sentirme a gusto.

Tras todas las complicaciones y en medio de esta situación, Gustavo me pidió que volviera a su lado durante una de nuestras conversaciones por WhatsApp con la promesa de que las cosas serían diferentes. Decidí darle otra oportunidad, así que, en enero de 2021, me aventuré de nuevo a Europa, esta vez con un trabajo asegurado y con la esperanza de un nuevo comienzo.

Como condición para mi regreso, le pedí a Gustavo que encontráramos un nuevo lugar para vivir, ya que no quería volver al hotel. Una vez en España, él cumplió y nos mudamos a un lugar solo para nosotros, pero aun así las cosas nunca mejoraron. Gustavo trabajaba muchísimo y no teníamos tiempo para estar juntos como pareja. Siempre había excusas, a veces discusiones y, en otras ocasiones, simple indiferencia.

Sabes... no puedo decir que él fuese dominante, pero sí tenía cambios de humor insólitos y era muy grosero, así que poco a poco me fui cansando. Definitivamente, era víctima de violencia psicológica, pero aún no me daba cuenta: Él me ignoraba, me halagaba, me traía algo delicioso de comer y luego desaparecía por semanas, volvía y en ocasiones explotaba. Mientras tanto, yo dejé de exigir tiempo de pareja, porque entendí que para él todo era trabajo.

Era tan cierto que no me daba mi lugar, ni me hacía sentir parte de su vida, que la misma gente del pueblo no sabía que éramos pareja, básicamente porque yo solo salía a trabajar y él estaba obsesionado con el trabajo, dejaba la casa a las 6 de la mañana y regresaba a la 1 de la madrugada.

Recuerdo en particular una ocasión en la que intentamos comprar una casa juntos, pero cuando mencioné que debía estar a nombre de ambos, cambió de opinión y canceló la compra. No quería compartir una hipoteca conmigo... Las señales estaban justo frente a mis ojos, pero yo guardaba una esperanza.

Sí, me daba cuenta de que no estábamos bien, pero ya había dejado mi país, mi trabajo, mi familia. Realmente intentaba que funcionara, te dices: "Aquí es, tiene que ser aquí porque ya lo dejé todo". Fue la decisión más arriesgada que tomé en mi vida...

El amor, en su esencia, no conoce fronteras ni nacionalidades. Pero el camino hacia él, especialmente cuando se cruza un océano, requiere valentía, paciencia y una voluntad férrea. Yo intentaba cultivar todas esas cualidades, deseando con todo mi ser que nuestra relación funcionara. Sin embargo, ahora estoy en Alcántara y mi expareja vive a tan solo 15 kilómetros de distancia...

En las próximas páginas te contaré cómo sucedió todo...

Capítulo IV

Amor Virtual. El principio del final

Llegué de nuevo a territorio español en 2021 y, para entonces, ya había tenido una entrevista de trabajo por videollamada que superé con éxito. Así que, al día siguiente de mi llegada, ya estaba trabajando.

Al principio, Gustavo y yo intentamos vivir en Cáceres. Estuvimos dos semanas en un departamento, pero al final nos mudamos a Sevilla porque yo no tenía carnet de conducir y no tenía cómo moverme de la casa al trabajo, que estaba en un pueblo cerca de Cáceres.

Rápidamente, me puse a estudiar para obtener el permiso para conducir y, mientras tanto, Gustavo me llevaba y me traía del trabajo. Una época pesada para los dos. Cuando finalmente obtuve el permiso, me prestaron un coche que pertenecía a mi exsuegro con el cual podía ir al trabajo y regresar. Gracias al dinero que el trabajo me permitió ahorrar, para mayo de 2021, ya había adquirido mi propio coche.

Los meses siguientes pasaron rápido y con una rutina inalterable: yo cumplía con mis horarios cambiantes, a veces de mañana y a veces de tarde, y Gustavo en su faena eterna: atender el hotel. Mientras tanto, vivíamos en una casa que nos habían prestado con la condición de mantenerla, y que pertenecía al tío de Gustavo. Yo me dedicaba a limpiar, lavar y conservar la casa en buenas

51

condiciones. Gustavo, por lo general, nunca me ayudaba en esas tareas, a pesar de que ambos trabajábamos.

Luego comencé a ir nuevamente al gimnasio y a dar paseos para mantenerme en forma, también inicié a relacionarme con compañeras del trabajo e incluso a salir de vez en cuando. Tenía la libertad de ir y venir gracias a mi carnet de conducir y a haber adquirido mi propio coche.

Puedo decir que fue una época feliz con Gustavo. Aprovechábamos el poco tiempo que él tenía para tomar un café por las tardes, cenar o comer juntos, tomar una siesta y, muy de vez en cuando, salir a tomar algo ya bastante tarde cuando él cerraba el hotel.

En septiembre de 2021, fui de vacaciones a México sola, como de costumbre, porque él no podía dejar el negocio. En general, pasaba mucho tiempo sola y seguíamos teniendo discusiones por ese motivo. Él decía que había que trabajar para tener un mejor futuro, pero a mí su modo de hacerlo me parecía excesivo.

Además de las discusiones por la falta de tiempo juntos, cada vez notaba más cosas que, en definitiva, no me gustaban, pero que sentía que tenía que aceptar. Por ejemplo, en cuanto nos mudamos a la casa, Gustavo hizo el trámite para que yo pagara la luz, el servicio de la basura y también del agua. En principio, pudiera pensarse que esto no es raro, pero es que en casa yo era la que habitualmente hacía las compras, es decir, él no aportaba dinero.

Y sí, gracias a él no pagábamos alquiler, y eso ayudaba mucho, además llevaba comida a casa casi a diario, pero era yo la que asumía no solo los gastos, sino también la limpieza de la casa.

Reconozco que se ocupó de reparar varias averías del coche, pero ¿no es acaso lo que cualquier pareja habría hecho? Lo cierto es que siempre sentí cierta desventaja, nunca recibí un céntimo de él para pagar algo que como pareja nos correspondiera.

En los siete años que estuvimos juntos, todas mis idas y venidas a México fueron financiadas por mis propios ahorros. Él nunca me dio ni un euro. No digo que eso sea algo malo, pero sentía que, por más que Gustavo trabajara y tuviera dinero, no estaba en sus planes compartirlo conmigo. No me sentía en un equipo, sentía que cada uno iba por su lado y no me sentía segura ni apoyada por él al cien por ciento.

La sensación de pérdida

El siguiente cambio significativo ocurrió en enero de 2022, cuando por requerimiento del trabajo me trasladé del Casar a Alcántara. Esto me benefició porque estaba más cerca y había menos carga de trabajo en comparación. Ese mismo mes, un día, noté que no me había llegado el periodo.

No quise darle tanto peso, podía ser una falsa alarma, así que dejé pasar varios días, pero no se hizo presente, motivo por el cual decidí hacerme una prueba de embarazo y, para mi sorpresa, resultó positivo. ¡No podía creerlo, estábamos realmente muy contentos! Sin embargo, la felicidad nos duró muy poco...

A los pocos días del hallazgo con la prueba, comencé a sangrar.

Al principio fue un desecho color café muy mínimo y, por ende, no le di importancia, pero al día siguiente seguía manchando y entonces nuestro médico de cabecera nos mandó a urgencias.

Ya estando en el hospital, me hicieron varias pruebas. Nos dijeron que la hormona del embarazo estaba alta, pero que no se apreciaba absolutamente nada en el útero. Me mandaron a casa y seguía sangrando, así que en esa semana estuvimos en urgencias unas tres veces.

Consultamos también con una ginecóloga del sector privado, pero nos dijo lo mismo, en la ecografía no podía verse nada. Finalmente, en urgencias, nos informaron que la hormona del embarazo había caído, estaba teniendo un aborto bioquímico… Estábamos desconsolados. Me dieron 15 días de incapacidad, fueron días muy duros, pero Gustavo y yo nos mantuvimos unidos, brindándome cierto alivio.

Después del trago amargo, volvimos a lo que era lo habitual: discusiones por la falta de tiempo, por exceso de trabajo, por las promesas incumplidas, y por estar en pareja sintiéndome irremediablemente sola.

También por aquellos días sucedió aquello de lo que ya te había dado un abrebocas: la posibilidad de comprar nuestra propia casa. Fue exactamente a principios de 2023, cuando el tío de Gustavo nos abrió la posibilidad de adquirir la casa donde vivíamos. Nos la había ofrecido a buen precio y decidimos dar el paso. Dimos 5 mil euros de mi cuenta como señal o anticipo.

Yo estaba muy contenta, pero como ya era costumbre, la alegría me duró poco. Otra gran señal del destino, de la vida y de la falta de compromiso de Gustavo para con nuestra relación. De pronto dijo que ya no quería la casa.

En el fondo, sé que lo que no quería era compartir conmigo un inmueble que estuviese a nombre de los dos.

En cambio, se le ocurrió la idea de construir "nuestra casa" en la planta baja de la vivienda de sus padres. Yo no estaba de acuerdo, pero no había forma de hacerle cambiar de opinión. Así que, perdiendo mis 5000 euros de fianza, nos mudamos a la casa de sus padres, que en ese momento estaba vacía mientras llevábamos a cabo la construcción.

Construiríamos con su dinero, esta vez yo no pondría ni un centavo, y, en consecuencia, la casa estaría solo a su nombre... Él no estaba comprometido con la relación y me lo demostró varias veces a lo largo de los años, pero no supe darme cuenta... Un hombre peculiar, problemático, tan cambiante en su estado de ánimo, pero además tan carente de empatía. Siento que no quiso ponerse en mis zapatos y, por ende, nunca supo valorarme, a pesar de todo lo que dejé por él.

Capítulo V

¿Seguir intentando?

A pesar de las circunstancias, continuaron nuestros planes de ser padres, y para los primeros meses de 2023 me preocupé, ya que, a pesar de nuestros intentos, no quedaba embarazada. Obviamente, lo conversé con Gustavo, que solía responderme que "ya llegaría cuando llegara, cuando fuera el momento". A pesar de ello, yo insistí, y finalmente fuimos a nuestra médica de cabecera, que nos remitió a un especialista para hacernos algunas pruebas.

Tenía razón, algo no andaba bien; Gustavo tenía una dificultad en cuanto a fertilidad, y eso dificultaba la concepción natural. Iniciamos las gestiones en una clínica especializada en fertilidad para concebir por inseminación artificial. Estábamos contentos, pero al mismo tiempo, seguían las discusiones, los gritos, las noches durmiendo sola, porque él de pronto se iba de casa.

Ese mismo año recibí la visita de mi madre. Fue una visita reconfortante, pero ella se fue un poco preocupada al saber que la rutina de trabajo de Gustavo seguía siendo igual de pesada y que yo pasaba mucho tiempo sola. Unos meses después, específicamente en octubre, recibí la visita de mi hermana y decidí viajar con ella.

Pasamos unos maravillosos días en Cáceres, fuimos a la playa en Cádiz y a Tánger, en Marruecos.

Nos divertimos mucho y pude olvidar lo sola que me sentía en ocasiones.

En contraste, al reflexionarlo, sé que estos días fuera de casa no le cayeron bien a Gustavo. Él no podía viajar conmigo, pero tampoco quería que yo lo hiciera sin él. Y es así como comenzó el principio del fin...

Un día fuimos a Cáceres. Mi hermana todavía estaba en Sevilla y él nos acompañó; fue la primera vez que Gustavo se atrevió a confesarme que ya no sabía si me quería... Pude sentir cómo se rompía mi corazón.

Pensé que todo acabaría en ese instante, pero cuando mi hermana partió de regreso a México, nosotros intentamos seguir estando bien, al menos yo lo intentaba, y a pesar de lo que me había dicho, aún seguíamos con el plan de la inseminación.

Como estaba próximo un posible embarazo, viajé a México ese diciembre para pasar la Navidad, el Año Nuevo, y mi cumpleaños con mi familia. Le expliqué a Gustavo que una vez embarazada ya no me sería fácil viajar o sola con un niño, así que quería ir a disfrutar con mis padres y hermanos de esos últimos días de libertad, por decirlo de algún modo, pero Gustavo no lo tomó bien.

Me hizo saber que lo sentía como un abandono, aun cuando se trataba de muy poco tiempo. Claramente, volví en enero, pero él no estaba conforme, no se le quitaba de la cabeza una cantidad de cosas sin sentido, que sinceramente yo no lograba entender.

Me dijo que lo había abandonado, que era egoísta, que pasaba de él estando en México, que él había hecho solo la última mudanza, lo cual no era cierto, ya que yo organicé y embalé todo, pero además limpié por completo la casa a la que nos mudaríamos. De pronto, sentí que había llegado el momento en el que había pensado desde hacía bastante tiempo: la separación.

Podría decirse que nuestra separación fue de mutuo acuerdo, aunque sus razones nunca las entendí. Quizá había descubierto que ya no me quería, como me había adelantado en aquella ocasión. Lo que sí puedo decir con franqueza es que yo me separé de él aun queriéndole, pero sabiendo que lo mejor para mí era alejarme.

Irónicamente, unos 15 días antes de tomar la decisión, me llamaron de la clínica de fertilidad de Badajoz para finalmente darnos cita y concretar la inseminación artificial, que, de haber sido, habría tenido lugar en junio de 2024.

Tuve que decir que no, y verdaderamente fue una de las decisiones más duras y tristes que he tomado, pero a la vez una de las más acertadas. Pero ojo que, a pesar de haber decidido separarnos, aún seguíamos compartiendo el mismo techo...

Capítulo VI

El adiós definitivo

A veces me preguntó dónde quedó ese hombre que me dedicó a su manera la canción: La cosa más bella de Eros Ramazzotti...

¿Cómo comenzamos?, yo no lo sé
La historia que no tiene fin
Ni cómo llegaste a ser la mujer
Que toda la vida pedí...

¿Eran solo palabras? Evidentemente sí, las palabras de un hombre que aparenta ser sereno, es lo que te inspira cuando lo notas por primera vez. Pero que, en realidad o al menos para mí, tiene dos caras: la que da al público en su negocio: amable, servicial y atento, y la que me mostró a mí: poco empático, tacaño, ávaro, traicionero, vengativo, tramposo y chapucero.

A pesar de la vida cruda que considero que ha llevado, es una persona casi siempre alegre y al mismo tiempo un hombre que es duro con las palabras, que no muestra fácilmente lo que siente y que es en extremo apegado a su familia.

Gustavo es un hombre al que le gusta salirse con la suya, tiene ataques de ira, no escucha lo que los demás tienen que decir, pero habla demasiado de lo que poco importa. Sobre lo importante es hermético y sobre los sueños, aunque es muy perseverante, también es muy realista, no le gusta dar tantas vueltas a las cosas, ni pensar en "que habría pasado si hubiera". Podría decirse que cambia continuamente de opinión, es de pocos amigos, es amargo y poco cariñoso como pareja, pero trata de enmendar sus fallos con detalles.

Es un hombre astuto, muy listo y como siempre le dije: es un hombre que por las buenas es muy bueno, pero por las malas es muy malo... ¿Sabes por qué te lo describo?, porque posiblemente tú estés iniciando una relación o estés en una relación con una persona con estas características. Para todas aquellas personas, que han pasado por algo similar, solo quiero advertirles que este tipo de almas no cambian... Es tiempo de tomar una decisión.

La partida

Finalmente, abandoné su casa oficialmente el 1 de marzo de 2024. Aunque hacía varios meses que nuestra relación ya no funcionaba, seguíamos viviendo juntos en su casa. Cuando llegamos a la conclusión de que no había más que hacer, mi principal preocupación era cómo iba a manejar la situación por mi cuenta. La idea de buscar un nuevo lugar para vivir y mudarme sola me llenaba de miedo, ansiedad y estrés.

Recuerdo que le comenté un par de veces a mi hermana que, si yo hubiese estado en México en lugar de en España, ya me habría separado hacía tiempo. Pero al estar sola, me invadieron miedos que nunca había experimentado.

Antes de irme, le pedí a Gustavo un tiempo para ahorrar un poco más de dinero y esperar la fecha para firmar la nacionalidad. Al principio, me dijo que podía quedarme todo el tiempo que necesitara. Le informé que me quedaría hasta junio y luego me iría a México.

Durante ese período, nuestra relación fue cordial. Para mí, ya estábamos separados desde principios de año, cuando me rendí. Dejé de reclamarle por la falta de tiempo, los desplantes y otras cuestiones. Ya no me quedaban lágrimas por él; todas las había llorado. A pesar de que pensé que teníamos un acuerdo, antes de la llegada de marzo, me dijo que debía irme de inmediato.

Para entonces, ya había desarrollado una amistad muy cercana con una compañera de trabajo, Ana. La llamé y le conté que Gustavo me había echado de casa. Todo el miedo que había sentido durante tanto tiempo se volvió una dolorosa realidad. Ana, sin pensarlo dos veces, me ofreció refugio en su hogar mientras encontraba un lugar donde vivir.

En ese momento, Gustavo me había dado otro duro golpe. Y es que previamente durante una discusión me había confesado que había puesto mi coche, el que compré con mi propio dinero y esfuerzo, a su nombre. No podía creerlo. Me había traicionado desde 2021, cuando se suponía que éramos una pareja feliz.

Al principio, con tantas cosas en la cabeza, no le di tanta importancia y acordé con él que, en junio, cuando me fuera a México, le dejaría el coche. Pero, por supuesto, me falló de nuevo y tuve que partir meses antes.

Me mudé de su casa a una locación en Alcántara, por lo que no fue necesario que viviera con Ana y su familia. Aun así, Ana y su esposo Lolo no solo me ayudaron con la mudanza, sino que me brindaron su apoyo incondicional.

Una historia sin fin

Después de todo lo vivido, estaba convencida de que mi historia con Gustavo había llegado a su fin. Sin embargo, lamentablemente, no fue así.

Me sentía contenta, tranquila y preparada para seguir adelante. No lloré ni una vez; simplemente no sentía nada, solo alivio por estar sola. Creía que finalmente me estaba adaptando a mi nueva vida con valentía, hasta que el 7 de marzo, durante mi jornada de trabajo vespertina, descubrí que Gustavo había ido hasta allí y se había llevado mi coche con la otra llave. El golpe fue desgarrador. Me sentí perdida, humillada y desesperada.

Esa tarde, tuve que llamar a Ana para que me llevara a poner una denuncia en otro pueblo. Ana y Lolo vinieron a recogerme y me llevaron al cuartel de la Guardia Civil en Arroyo de la Luz. Me sentía como anestesiada, incapaz de entender lo que estaba sucediendo. Cuando llegué al cuartel, le expliqué al guardia la situación, pero había un problema: el coche estaba registrado a nombre de él, por lo que no se consideraba un robo.

Ese mismo día, antes de llamar a Ana, me puse en contacto con la gestoría donde Gustavo realizaba sus trámites. Les expliqué quién era y pedí que verificaran a nombre de quién estaba el contrato de compraventa del coche. Me confirmaron que el contrato estaba a nombre de Gustavo. Fue en ese momento cuando me di cuenta de que él había cambiado y alterado el documento para ponerlo a su nombre. Ha pasado el tiempo y todavía no entiendo cómo alguien puede ser tan deshonesto y desleal.

Después del trago amargo, me tocó explicarle al guardia que el contrato de compraventa lo había firmado yo y que tenía la prueba del pago. Gustavo había cometido un delito al registrar el coche a su nombre de esa manera. Así comenzó mi denuncia por violencia de género.

Y es que, mientras estaba en el cuartel para denunciar el robo del coche, el guardia civil comenzó a hacerme algunas preguntas. Fue en ese momento cuando recordé un episodio importante... Durante mi tratamiento psicológico en México, el tema principal de las sesiones siempre era Gustavo. Poco a poco, me di cuenta de que estábamos hablando de más que la simple falta de tiempo y atención. Algo crucial marcó un antes y un después para mí.

En noviembre de 2023, una mañana, estábamos Gustavo y yo dormidos cuando alguien llamó a la puerta pidiendo que movieran su furgoneta, que bloqueaba el paso de un camión de reparto. Él se negó a moverse. Pronto, la situación se agravó con más personas en la puerta, tocando, gritando y llamando al timbre. Llegó la Guardia Civil y llamaron a la hermana de Gustavo para que lo contactara, pero él seguía sin levantarse. Solo se levantó para desconectar el timbre.

Yo estaba desesperada, rogándole que saliera a mover la furgoneta, pero él respondió que hacía lo que quería, cuando quería. Aunque hubiera sido sencillo para mí levantarme y moverla, el miedo que sentía hacia Gustavo me lo impidió.

Finalmente, después de una hora, se levantó y se fue. Esa noche, discutimos el incidente. Le dije que no había necesidad de causar tanto problema, a lo que él respondió que no movió la furgoneta porque el dueño de la tienda le había hablado mal en varias ocasiones. También admitió que había tenido ganas de pegarme por insistir tanto. Después de ese día, nada volvió a ser igual.

Dejé pasar tantas señales… En 2019, Gustavo estaba en plena discusión con su madre en una cafetería; el motivo no lo recuerdo con claridad, pero era algo que tenía que ver conmigo. En aquella oportunidad, desahogó su ira pateando la cámara fría y rompió algunas de las cervezas. Más tarde ese año, durante otra pelea en la barra del bar, lanzó varios platos a la basura y, por supuesto, los rompió todos.

Hubo una ocasión en la que se enojó conmigo por no querer quedarme más tiempo en la barra, así que decidió que la solución era guardar toda mi ropa en maletas, meterlas en el coche y amenazarme con llevarme a Madrid para que regresara a México. Todas estas cosas las había pasado por alto y no entendía por qué…

¿Cómo olvidar aquella discusión en la recepción del hotel sobre el trabajo excesivo y la falta de tiempo? Le regalé una moneda de otro país, pensando que tal vez le alegraría el día. En lugar de eso, la arrojó al suelo y me dijo que nunca podría ser más importante que el negocio. Ah, y claro, también me llamó "zángana" por decirle que necesitaba tiempo para hablar con mi familia y me sugirió que lo hiciera en mi tiempo de sueño, aunque estaba exhausta.

En el año 2020, me di cuenta de que no solo trabajaba alrededor de 10 horas diarias sin que me pagara ni me diera de alta en la seguridad social, sino que también había estado hackeando mi cuenta de Google para leer mis mensajes con mi hermana, todo en nombre de "mejorar" la relación.

Un año después, nos contagiamos de COVID, pero él se fue a pasar el aislamiento al hotel, dejándome completamente sola en casa, sabiendo que no podía salir a comprar nada. Y para completar, una noche llegó tan enfadado que pateó el cubo de agua con el que había estado limpiando, derramándolo por todo el salón y el vestíbulo.

Además, durante un viaje en coche, su ira se desbordó de tal manera que golpeó el salpicadero con fuerza y rompió el parabrisas. En ese instante, el miedo me invadió al pensar que podría perder el control del coche y sacarnos de la carretera. Mientras conducía, no solo me amenazó, sino que me hizo sentir completamente vulnerable.

Gustavo, además, desapareció durante dos semanas, ignorando todas mis llamadas y mensajes. Y, lamentablemente, esa no fue la única vez; en varias ocasiones, se esfumó durante días sin dejar rastro, dejándome en una angustiosa incertidumbre.

Mi vida con él era una constante incertidumbre con pocos momentos felices, y yo, aun así, permanecía, como dormida, como inerte… Era víctima de violencia, pero no lo asimilaba o no lo comprendía, porque la verdad es que nunca esperas que te suceda algo así…

Capítulo VII

Fijando limites: El juicio, el coche y la segunda denuncia

Sé que parte de mi relato, de mi historia, podría parecer demasiado sombría o triste, casi como si el universo hubiera decidido jugar en mi contra en lo que al amor se refiere. Pero, si algo he aprendido, es que la vida no es más que una serie de fases, como lo son las estaciones; algunas son más frías y sombrías, otras más cálidas y placenteras.

Estoy segura de que esto es solo una etapa más en mi vida, una de tantas que superaré, como ya lo he hecho antes. Lo sé porque, aunque en algún momento me sentí atrapada y sin opciones, he encontrado la manera de seguir adelante por mí misma. Es cierto que aún tengo algunas dudas sobre el futuro, pero creo que eso es normal; al final, somos humanos. Sin embargo, hay algo de lo que no tengo la menor duda: con Gustavo no hay vuelta atrás. Y déjame explicarte por qué.

En algún momento, no sé exactamente cuándo, desperté de mi letargo y tomé la decisión de levantar una denuncia por violencia de género. Gracias a la denuncia, obtuve una orden de alejamiento, lo que significa que Gustavo no puede acercarse ni a mi casa ni a mi trabajo. Fue una decisión difícil, pero más que necesaria.

Inicialmente, solo pensaba denunciarlo por el robo de mi coche. Me dije a mí misma que eso sería todo, un trámite más en esta lista interminable de trámites que he tenido que hacer tras la separación. Pero cuando me presenté en la Guardia Civil, el funcionario me miró como si pudiera ver a través de mí; comenzó a interrogarme y, mientras yo le relataba la historia de cómo había llegado a ese punto, me dijo: "Esto parece ser otra cosa. Debes estar segura, porque la denuncia tomará un camino diferente". En ese momento, yo estaba frágil, rota en mil pedazos, y comencé a contarle todo lo que había sucedido, cada detalle que había pretendido sepultar. Y así, la denuncia por violencia de género vio la luz.

El juicio por violencia doméstica se celebró el 9 de abril de 2024. Finalmente, lo condenaron... pero solo por dos agresiones. De todo lo que había declarado, solo esas dos contaron, y ni siquiera consideraron la apropiación del coche como parte de la violencia. Así que, sí, tuve que comenzar otro procedimiento, poner otra denuncia para recuperar mi coche. Es decir, la historia no terminó ahí; más bien, parecía que solo había cambiado de capítulo.

¿La sentencia? 33 días de servicio comunitario, una orden de alejamiento por un año y una prohibición del uso de armas por dos. Nada más. Y aquí estoy yo, sin coche, en un pueblo donde la movilidad es complicada; debo recorrer largos trayectos y el fin de semana no hay autobuses.

Cosas tan simples como hacer la compra se han convertido en una odisea épica. Además, he tenido que pedir favores para que alguien me acerque a comprar gas o cualquier otra cosa. Afortunadamente, Ana y Lolo nunca me han dejado sola; siempre han estado ahí para apoyarme.

Un nuevo ultraje

Pensaba que todo fluía, que las aguas retomaban el cauce, pero una vez más me equivocaba. Como si todo esto no fuera suficiente, un viernes cualquiera de julio, me desperté y lo primero que vi en mi teléfono fueron cargos en mi tarjeta que yo no reconocía. Sin siquiera pensarlo, dije: "Gustavo". Y acerté. Él había utilizado mi firma digital para darme de alta en Hacienda y en la Seguridad Social como autónoma, solo para que me cobraran, supongo.

Como si fuera un juego más en su retorcida mente. Además, me había cancelado dos citas de oftalmología a través de la aplicación del centro de salud. ¿Cómo es posible que alguien pueda ser tan retorcido? Así que, sí, otra denuncia más.

Es seguro que fue él. Nadie más tenía mi certificado digital. Y aquí estoy, esperando estos nuevos juicios, esperando que me devuelvan mi coche, esperando que la ley haga su trabajo y lo castigue como es debido. Y en medio de toda esta espera, me encuentro pensando en la letra de: "Siguiendo la luna" de Los Fabulosos Cadillac, una de mis canciones favoritas...

—"Suena como un crimen lo que tú me has hecho. Deberías ir a parar a la prisión. Suena como un crimen que me hayas mentido. Que hayas engañado a este corazón".

Aunque parezca imposible de creer, hay quienes me han juzgado por haber permitido que acontecieran todas estas cosas, por haberle dado la llave del coche o por no

71

haber cambiado el certificado digital a tiempo... A esas personas les digo: es lo mismo que culpar a una víctima de violación por cómo va vestida.

Soy consciente de que era mi responsabilidad cambiar el certificado, pero es que, desde el primero de marzo, cuando me separé de él, mi vida ha sido una montaña rusa de trámites. Trámites de extranjería, títulos, nacionalidad, otros trámites legales, certificados, citas... Una lista interminable. Me han pedido tantas cosas en estos últimos meses que es imposible no haberse dejado algo. Soy humana, no puedo con todo. Pero, además, nunca pensé que él llegaría a tanto.

Y sí, lo que pasó con él es un capítulo oscuro en mi vida, pero no será el final de mi historia. Aun cuando haya personas que me juzguen en vez de empatizar con mi situación, que estoy segura es similar a la de tantas otras mujeres.

Capítulo VIII

Entre la violencia, la migración y la superación

Mi vida en España ha sido un torbellino de emociones, pero ahora, con la distancia que otorga el tiempo, siento que me encuentro en un punto de calma. Al llegar por primera vez, lo hice motivada por mi relación con Gustavo. Él fue la razón detrás de mi mudanza y de mi trabajo en su hotel. Sin embargo, las cosas no salieron como esperaba; y aunque volví a México sintiéndome rota, no podía quedarme con esa espina.

Regresé dispuesta a darle una nueva oportunidad a nuestra relación, convencida de que las cosas podían cambiar. Lamentablemente, no fue así. La situación empeoró y, después de enfrentar algo que no debía tolerar más, decidí denunciarlo por violencia de género. Hoy, aunque él viva a pocos kilómetros, no lo veo. No porque no pueda, sino porque no lo quiero en mi vida. Gracias a una orden de alejamiento, mi espacio y mi tranquilidad están protegidos.

Volver a España, esta vez con una oferta de trabajo estable, fue un respiro. No es exactamente el lugar donde me visualizo a largo plazo, pero es un sitio en el que puedo estar tranquila. Trabajar con los abuelos tiene su encanto, aunque también conlleva desafíos. No es como el hospital infantil en México donde trabajé antes, pero cada día aquí me ha enseñado algo nuevo.

Ana, una de mis compañeras de trabajo, y su esposo se han convertido en una especie de familia para mí.

Desde mi separación, ellos han estado a mi lado, ayudándome con las cosas más simples, como ir a la ciudad o simplemente tomarnos un café. Estos pequeños detalles son los que realmente valoro profundamente.

Duelo migratorio

Hace cinco años, sentía una mezcla de emociones difícil de describir. Era como un duelo, invisible para los demás, pero para mí era palpable en cada rincón de mi ser. Fue como una montaña rusa, porque no se trataba solo de dejar un lugar físico, sino de separarme de todo lo que me resultaba familiar: las calles, los sonidos, las personas. Todo lo que conocía quedaba atrás, mientras me aventuraba a descubrir lo nuevo.

A lo largo de este tiempo, ha sido complicado separar los sentimientos de la relación tormentosa que tuve con mi expareja de los sentimientos que acompañan dejar México. Ambas cosas forjaron ese duelo que pasó por diferentes etapas. Ese sube y baja de emociones ha estado ligado al hecho de que, al llegar aquí, no tenía un lugar seguro al que aferrarme.

Es un proceso de ajuste silencioso y a veces incómodo donde se extraña lo que se conocía de memoria, pero al mismo tiempo intentas hacer espacio para lo nuevo. Migrar es aprender a vivir entre dos mundos, sin pertenecer por completo a ninguno, pero buscando siempre ese equilibrio. A veces, me sorprendo pensando en si debería regresar a México o quedarme en España.

¿Regresaría a México?... Lo haría por mi familia. No es que me pese la soledad, pero los extraño. Además, no puedo evitar pensar en mis perritas, especialmente en una que está pasando por un momento delicado. De mis tres perritas, una tuvo cáncer, y creo que ha regresado Cómo desearía estar allí para aliviar su sufrimiento y tenerla cerca...

Si lo pienso, no habría razones para no regresar a México, pero al mismo tiempo, cuando miro en retrospectiva, veo todo lo que he aprendido en estos cinco años y me detengo...

Migrar no es solo cambiar de país, sino embarcarse en un proceso de duelo constante, un desplazamiento que redefine cada parte de nuestro ser. A veces, al llegar a un nuevo destino, sentimos que dejamos una parte de nosotros mismos atrás, como si el lugar de origen permaneciera tatuado en la piel. Sin embargo, en medio de la pérdida, también hay luz; descubrimos belleza en lo inesperado, y eso nos brinda nuevas perspectivas.

Uno de los aspectos más gratificantes de mi vida en España es el orden que encuentro. No es solo que las calles estén libres de basura, es además la ausencia de caos sensorial. No hay cables enredados sobre nuestras cabezas (postes eléctricos) ni propagandas o publicidades invasivas que saturen cada esquina. Todo parece tener su puesto, y eso crea una calma que en México no siempre podía encontrar. Incluso las carreteras, aunque no perfectas, transmiten esa sensación de armonía, un reflejo de cómo este país organiza su espacio y, en cierto modo, también su vida.

Conducir aquí es una experiencia diferente. Hay reglas claras y, lo más sorprendente, se respetan.

Los conductores se detienen donde corresponde, ceden el paso cuando es necesario, y en esos gestos cotidianos, he encontrado seguridad, y es que, saber que puedo contar con esa estructura me ha dado una paz que no me esperaba cuando decidí mudarme.

Migrar a España también me ha brindado una nueva sensación de libertad. Estar en la Unión Europea significa más que el acceso a otros países; es moverse sin las barreras habituales, con solo una identificación en mano. Es sentir a las fronteras no como muros, sino como oportunidades para vincularnos. Sí, a veces, la barrera del idioma se interpone, pero la libertad de ir más allá de las limitaciones me da energía.

Obviamente, no todo se limita al entorno. A mis 35 años, España me ha permitido redefinir mi tiempo. En México, a mi edad, ya se esperaría que tuviera hijos y una vida asentada, pero aquí no hay esa prisa. Las personas construyen sus familias con más calma, sin esa presión constante de cumplir con un cronograma invisible. Es un alivio inmenso poder vivir mi vida sin sentir que voy contrarreloj, sin las miradas que en otros lugares me juzgarían por no seguir el camino preestablecido.

La diferencia es palpable. En México, mis amigas ya tenían hijos a los 20. Aquí, es común ver a personas de 40 años que aún no han formado una familia, y eso no es motivo de preocupación. Es un cambio de mentalidad que me ha permitido respirar más tranquila, sabiendo que aún hay tiempo para explorar, para seguir buscando lo que quiero sin las fórmulas que suelen definirse tan a prisa en otros lugares.

Otro aspecto que me ha tocado profundamente es el respeto por los animales.

En México, ver perros callejeros es una imagen triste, una realidad cotidiana que habla de nuestra poca capacidad o interés por proteger a los más vulnerables. Aquí, en cambio, los animales están resguardados, y el maltrato se castiga. No hay perros vagando sin rumbo ni miradas perdidas en las esquinas. Esta conciencia por el bienestar de todos los seres vivos me da una tranquilidad que no esperaba encontrar.

Sí, migrar implica duelo. Es aprender a vivir con la nostalgia, adaptarse, y abrir los ojos a una realidad diferente. Pero también es descubrir cosas que nos llenan de paz, que nos hacen apreciar lo distinto. En este proceso, he encontrado orden, libertad y respeto. Y aunque la distancia a veces pesa, cada paso que doy aquí me acerca más a la persona que quiero ser.

Sin embargo, no todo es tan fácil de aceptar. A veces, las pequeñas diferencias se convierten en desafíos imprevistos. Lo primero que noté al llegar fue el tono de voz de los españoles. Parecen siempre estar hablando a gritos, aunque no estén molestos. Para alguien con un tono más suave, esto puede resultar abrumador. Me he encontrado en conversaciones donde apenas logro hacerme escuchar, y no porque no quiera hablar, sino porque la dinámica es tan diferente que siento que no hay espacio para la pausa o el silencio.

He notado también una especie de arrogancia sutil en algunos. Es como si ciertas personas aquí dieran por sentado que lo saben todo, como si su experiencia y conocimiento fueran inamovibles. No quiero generalizar, pero a veces es difícil no sentir que el ego pesa en ciertas interacciones. Este tipo de trato, junto con la franqueza que tienen al expresarse, es algo que me ha costado aceptar. La brutal honestidad no siempre es fácil de digerir, y a veces echo de menos la suavidad en las palabras que nos caracteriza más.

Y luego está la inevitable distancia de mis seres queridos. Extrañar es parte del duelo migratorio. Echo de menos la comida mexicana, los sabores de mi hogar, y también las noches de fiesta donde siempre terminabas haciendo nuevos amigos. Aquí, las salidas son más cerradas, los grupos no se mezclan tanto, y eso hace que el ambiente se sienta un poco más frío.

Incluso la manera en que se vive la fiesta aquí es diferente. En México, a las nueve de la noche ya estás listo para salir, pero aquí, a esa hora apenas se están preparando para la cena. La noche empieza mucho más tarde, y eso me ha obligado a adaptarme a un ritmo que, en ocasiones, me deja más cansada de lo que estaba acostumbrada.

Otro aspecto que nunca había imaginado que me impactaría tanto es la falta de fervor patriótico en España. Aquí, el Día Nacional casi pasa desapercibido, mientras que, en México, las fiestas patrias son una explosión de orgullo. La falta de ese sentimiento compartido es algo que noto más con el paso del tiempo, y aunque no siempre lo extrañaba al principio, ahora lo siento como un vacío.

A pesar de todo, migrar no es solo una cuestión de contrastes. Es aprender a aceptar las diferencias, a valorar lo que se deja atrás sin dejar de abrazar lo nuevo. España me ha dado mucho, pero también me ha enseñado a valorar lo que México siempre me ofreció. En este equilibrio entre lo ganado y lo perdido, es donde encuentro el verdadero sentido de mi proceso migratorio.

Capítulo IX

Reflexiones sobre los estragos de la mente

Decía el escritor estadounidense Steve Maraboli que "la felicidad no es la ausencia de problemas, sino la capacidad de afrontarlos". A veces, las respuestas están justo frente a nuestros ojos, pero por alguna razón no logramos verlas. Es en esos momentos cuando necesitamos ayuda, y pedir apoyo es un acto de valentía, ya que no todo el mundo tiene la capacidad de reconocer que lo necesita.

Como mencioné en páginas anteriores, mi relación con Gustavo me dejó profundamente afectada y aturdida, sin entender bien por qué las cosas no funcionaron como esperaba. De esos días, tengo recuerdos algo borrosos; mi hermana dice que pasaba la mayor parte del tiempo durmiendo. Lo que sí recuerdo es que por las mañanas me distraía jugando en el teléfono, pero luego regresaba a dormir hasta tarde.

Mi mamá, preocupada por mí, me llevó a un conversatorio sobre salud mental. Al finalizar la charla, se acercó al psiquiatra que había dado la ponencia para hablar sobre mi situación. Para nuestra sorpresa, el doctor no solo se ofreció a ayudarme, sino que además lo hizo de manera gratuita.

Fui a consulta con él, estuve tomando antidepresivos por un tiempo y también asistía a terapia con una psicóloga. Después de un tiempo, dejé los antidepresivos y, poco después, comencé una nueva relación. El resto de la historia ya la conoces: dejé esa relación para volver con Gustavo una vez más, decisión de la que me arrepiento. Siempre he pensado que, hasta cierto punto, él logró convencerme de regresar a España porque, para entonces, ya no encontraba mi lugar en México.

Sin embargo, reflexionando sobre las elecciones que tomamos y el porqué de estas, me vienen a la mente ciertas cosas que no puedo dejar de relacionar con los pasos que he dado a lo largo de mi vida, sin querer restar responsabilidad en ello.

Hay un tema que he pensado mucho, sobre si debería tocarlo o no en estas líneas, y se refiere a la profunda tristeza que creo que ha acompañado a mi madre durante muchos años. Siempre he pensado que fue maltratada de algún modo y que eso influyó, en cierta medida, en cómo nos trató a nosotros y, a su vez, determinó la forma en que nos desenvolvemos, o no, en nuestras propias relaciones. No la culpo; solo intento unir los puntos y encontrarme.

Mi madre nunca nos maltrató físicamente, pero sí hubo momentos difíciles marcados por muchos gritos. Sé que se preocupa por nosotros y siempre ha hecho lo posible por darnos lo necesario para salir adelante. Tiene gestos de cariño, pero cuando no se siente bien, sus palabras pueden ser duras. A veces, las palabras dejan una huella más profunda que cualquier otra cosa.

Aunque no es fácil admitirlo, estar alejada me ha traído algo de tranquilidad. Al mirar hacia el pasado y recordar cuánto me influía la opinión de los demás, me doy cuenta de cuánto he cambiado. Ahora me entiendo mejor y, aunque sigo valorando lo que piensan los demás, ya no me afecta como antes. Siento que he crecido.

Hace poco, mi mamá cuestionó la forma en que digo las cosas, afirmando que soy demasiado dura. Me pregunto si he adquirido un poco esa rudeza española de la que he sido testigo en algunas conversaciones. No sé si es cierto, no sé si mis palabras son muy ásperas o si, por el contrario, ella les otorga más peso o significado. Lo que sí tengo claro es que no lo hago con mala intención. Simplemente considero que en mis opiniones soy práctica y directa; es decir, ya no me pierdo en rodeos. No soy esa soñadora de antes. Tal vez, lo único que Gustavo me enseñó fue a aceptar las cosas tal como son, sin lamentar lo que no puedo cambiar. Y en eso, he aprendido a mantener los pies en la tierra. Lo que hay, es lo que hay.

Hay una realidad innegable: he cambiado. Soy más fuerte y gestiono mis emociones por mí misma. Aún debo trabajar en ciertos aspectos, porque tiendo a sobre pensar las cosas; no soy de las personas que las hablan. Pero, al mismo tiempo, yo misma me consuelo. Soy una persona que suele ir al gimnasio, intento leer o ver series y películas. Cuando estoy de buen humor, pongo música, me pongo a cocinar y salgo a tomar un café en buena compañía. Estoy avanzando, estoy creciendo como persona porque lo que más anhelo es estabilidad. ¡Ahora mismo quiero estabilidad emocional!

Lo que realmente deseo transmitir con todo esto es un mensaje sobre la importancia de la salud mental. Hemos avanzado, pero todavía persisten muchos miedos y tabúes en torno al tema. Apenas comenzamos a entender lo que provoca la ansiedad, la depresión, los cambios repentinos de humor o la bipolaridad, entre tantas otras condiciones que, aunque no sean visibles, son muy reales y afectan profundamente nuestra forma de percibir el mundo.

Ojalá la salud mental fuera un tema obligatorio en las escuelas, en los trabajos y en cada espacio de nuestra vida. Ojalá le diéramos la misma relevancia que a otros asuntos... Ojalá.

He llegado al final de este libro, que espero sea el primero de muchos por venir. En esta página, quiero tomar un momento para dirigirme a todas las mujeres que están pasando por situaciones de violencia de género. Recuerda que no estás sola y que hay profesionales dispuestos a escucharte. No dejes que el miedo te paralice; si sientes que estás en peligro o sufres violencia de cualquier tipo, te animo a que busques apoyo. Comunícate con los números que verás a continuación.

Recursos para la atención a mujeres víctimas de la violencia de género

EMERGENCIAS: 112 (900.500.335)

- **INSTITUTO DE LA MUJER DE EXTREMA-DURA** – C/ Juan Pablo Forner, 4 06800 Mérida – Tlf. 924/007.74.05

- **CASA DE LA MUJER DE CÁCERES** - Rda. San Francisco, s/n 10005 - Tlf. 927/01.08.68

- CASA DE LA MUJER DE BADAJOZ OFICINA DE ATENCIÓN Y ASESORAMIENTO INTEGRAL A MUJERES VÍCTIMAS DE MALOS TRATOS EN EXTREMADURA – C/Padre Tomás, s/n 06011 Tlf.924/00.19.24

- OFICINA DE ATENCIÓN Y ASESORAMIENTO INTEGRAL A MUJERES VÍCTIMAS DE MALOS TRATOS EN EXTREMADURA - Rda. San Francisco, s/n 10005 - Tlf. 927/01.08.68 |Avda. Primo de Rivera 9 – 5ª plt. Tlf. 927/ 22.54.04 - 927/ 22.54.11

- MALVALUNA SERVICIO DE ATENCIÓN A LA MUJER - C/ Anas 3-B 06800 Mérida – Tlf.924/31.83.03 – (645.92.08.00 - Tlf. 24 horas)

- OFICINA DE ATENCIÓN A LAS VÍCTIMAS - Avda. Colón, 4 06001– Tlf.924/28.42.78 - Rda. San Francisco, s/n 10005, Cáceres - Tlf. 927/62.02.95 - 927/62.02.96 – C/ Almendralejo,3 06800 Mérida - Tlf.924/30.40.80 – C/ Blanca, 9 10600 Plasencia – Tlf. 927/42.63.76.

Epílogo

A veces, el verdadero viaje no es el que nos lleva a cruzar fronteras, sino el que nos lleva de vuelta a nosotros mismos. Han pasado cinco años desde que crucé el océano por amor, esperando encontrar algo mágico en una persona que idealicé y que se convirtió solo en una promesa. Lo que encontré fue muy diferente de lo esperado: un hombre que no supo amarme, una batalla constante y una serie de obstáculos que, en otra época, quizá me habrían parecido sin una solución aparente. Pero aquí estoy, con la mirada en alto, sin nada que temer, en un país que ya siento como mío, aunque mis raíces sigan perteneciendo a México. No fue fácil, decir lo contrario sería mentir, pero aprendí...

Aprendí que el amor no tiene etiquetas perfectas y que solemos idealizar a las personas por razones que a veces ni entendemos. No importa si el amor viene de otro continente o del lugar donde crecimos; lo esencial es reconocer lo que hay frente a nosotros, sin ignorar esas señales de alerta que aparecen. Eso sí, una decepción no debe definir nuestra capacidad para volver a amar o confiar.

También entendí que el valor no consiste en no tener miedo, sino en seguir avanzando a pesar de él. Aunque la vida nos presente pruebas difíciles, sé que son parte del proceso necesario que nos empuja hacia nuestros objetivos y nos enseña a valorarlos mucho más.

A lo largo de los años, al mirar en retrospectiva, me doy cuenta de que la mejor palabra para describirme es resiliente. He atravesado diversas situaciones, algunas

más complicadas que otras, y he aprendido que todos te-
memos esos sentimientos negativos que nos generan incomodidad y malestar, pero que son parte inevitable de
la vida. Conforme avanzo en nuevas etapas, descubro que
con cada una vienen nuevas angustias, miedos y preocu-
paciones, diferentes a los que había conocido antes.

Los llamo sentimientos encontrados, esos que surgen
inesperadamente y te hacen sentir fuera de control. Pero
he comprendido que la combinación de paciencia, tem-
planza, esfuerzo constante y valentía es lo que permite
superar cada obstáculo. No sales completamente ileso,
porque siempre quedan cicatrices, pero esas marcas también te moldean y te hacen la persona que eres. Lo importante es no detenerse demasiado a analizar cada cosa;
a veces, simplemente hay que actuar, enfrentar el día a
día sin darle tantas vueltas.

Hoy puedo decir que he encontrado una felicidad
plena, esa que te impulsa a cantar y bailar a todo pulmón,
esa que te da una tranquilidad inalterable hasta la próxima
batalla. Y es que, eso es la vida, un continuo campo de
batalla... pero no te preocupes, el tiempo y cada experiencia te da las armas para que cada batalla sea más fácil.

Durante este trayecto, he descubierto algo importante:
me gustaría ser recordada por ser una persona amable,
valiente y buena, porque esas cualidades han sido mi ancla en medio de todo lo que he vivido. Estoy consciente
de que no siempre lograré todas mis metas, por más que
me esfuerce a diario, pero el simple hecho de no rendirme
ya es, para mí, un triunfo admirable.

Hoy sigo luchando, no solo por ese coche que se convirtió en el último símbolo de un ciclo que necesito ce-
rrar, sino también por mi lugar en el mundo, donde pueda

desarrollarme más plenamente en cada aspecto fundamental de la vida. He aprendido que las batallas más importantes no siempre se ganan en los tribunales o en espacios físicos, sino en lo más profundo de nuestro ser, donde lo que realmente poseemos nos pertenece. En ese proceso, entendí que el amor propio es clave: aprender a quererte, cuidarte y, sobre todo, respetarte. Eso es algo que nunca debemos olvidar, sin importar cuánto cueste.

No sé qué me deparará el futuro, pero hay algo que tengo claro: ninguna de las circunstancias que he atravesado en estos 1825 días ha podido quitarme lo que soy. Y ahora estoy convencida de que nada lo hará.

Hoy, puedo decir que España se ha convertido en mi lugar seguro. Sin embargo, eso no significa que haya dejado de amar a México. En mi corazón ondean dos banderas: la del país que me vio nacer y la del que me ha brindado el espacio para madurar y seguir adelante. Al principio, todo fue un torbellino de emociones —miedo, añoranza, confusión— pero con el tiempo, España me abrió sus puertas y me ofreció la oportunidad de avanzar.

He decidido quedarme, no porque haya olvidado mis raíces, sino porque, a lo largo de este viaje de búsqueda y reflexión que he compartido contigo, he comprendido que pertenezco a ambos lugares. Mis memorias, mis experiencias, y estas páginas que acabas de leer me han guiado a esta decisión.

Gracias por acompañarme en este recorrido, por ser testigo de mis luchas y mi crecimiento. Aquí, juntos, hemos llegado al cierre de una etapa y al inicio de otra.

Agradezco haber vivido esta nueva experiencia, y solo espero que, al compartirla, pueda servir de inspiración para alguien que sienta que está al borde de perder la esperanza. Si este mensaje llega y ayuda, aunque sea a una sola persona, me sentiré satisfecha. Y, como dijo Gustavo Cerati, del mismo dolor vendrá un nuevo amanecer.

Sobre el autor

Gaby Aragón, originaria de México, es enfermera de profesión, pero su vida va mucho más allá del cuidado de los demás. Conocida por su carácter fuerte y resiliente, decidió migrar a España en busca de un amor que, con el tiempo, se convirtió en una decepción. A pesar de las dificultades emocionales y las batallas legales que surgieron de esa relación, Gaby ha encontrado la manera de reconstruirse y avanzar.

A lo largo de su vida, ha demostrado una enorme capacidad para sobreponerse, incluso en las circunstancias más adversas. Valora profundamente a su familia, especialmente a sus hermanos, con quienes mantiene una relación cercana. Práctica y lógica, también es amable y comprensiva, cualidades que brillan tanto en su ámbito profesional como en su vida personal.

Gaby se describe como una persona simple, que no busca la opulencia ni las muestras exageradas de afecto. Prefiere observar en silencio, hablar poco, pero estar siempre atenta. Hubo un tiempo en que fue muy soñadora, pero desde que llegó a España, ha experimentado una metamorfosis. La mujer confiada e insegura quedó atrás.

Ahora, es más pragmática, cuida de sí misma tanto físicamente como emocionalmente, y defiende con determinación a quienes ama. Le gusta quién es y cómo luce, una aceptación personal que ha llegado con el tiempo. Aunque muchos la perciben como seria, quienes la conocen descubren su lado festivo, siempre equilibrado por su gran sentido de la responsabilidad en el trabajo.

Gaby es extremadamente leal, amable, paciente y respetuosa, valores que atribuye a su crianza. Se define a sí misma como valiente, soñadora y comprometida con hacer las cosas bien. Entre sus talentos, destaca su habilidad para la cocina, pero también su pasión por la literatura, el cine y el arte del doblaje. Uno de sus sueños es poder prestar su voz a una caricatura o serie, donde su creatividad pueda encontrar un nuevo espacio. Aunque su carácter sereno la distingue, ha enfrentado retos como adaptarse a nuevas culturas, siempre manteniendo su esencia y calma.

Hoy, desde España, Gaby comparte su historia de migración, superación y aprendizaje, demostrando que, aunque la vida no siempre resulta como se espera, siempre es posible seguir adelante.